골뱅이@이야기

골뱅이@ 이야기

이생진 시집

우리글

머리말

나의 시는 나의 이야기다. 지나간 이야기.

요즘은 방금 있었던 일도 곧잘 잊어먹는다. 살아 있는 동안 내 기억을 붙들어놓을 수 있는 일은 글 쓰는 일밖에 없다.

글을 배웠고 그 글로 나에 관한 이야기를 쓴다는 것이 얼마나 고마운지, 지금 생각하니 그 힘으로 내가 사는 것 같다. 3년 전, 혹은 4년 전에 써놓고 잊었던 시를 읽으면 내게 이런 일이 있었나 하고 반가워진다.

김한순 시인이 '문학의 즐거움'이라는 사이트를 운영하기 시작할 때부터 최근까지 잊고 지냈던 시들을 한자리에 모아 '골뱅이@ 이야기'라 했다.

내겐 골뱅이@가 물어다 준 이야기가 많다. 그로 인해 나는 이메일, 스마트폰의 S메모, 카카오톡까지 열어보게 되었다. 때때로 그런 것들이 졸음을 깨워주는 수가 있어 내 기억에 큰 도움이 된다.

2012년 초가을
이 생 진

차례

머리말 … 5

누드를 그리는 제자 … 12
그런데 그에게서 … 13
자식! … 16
그림 앞에서의 대화 … 17
나 미장원에서 커트했다 … 18
핸드폰 … 20
나와 집배원과의 관계 … 24
암에 좋다 … 26
골뱅이@ 이야기 … 27
또 골뱅이@ 이야기 … 28
그들은 가고 … 30
사진 설명 … 32
시집 잘 받았습니다 … 34
천 년의 은행나무 … 36
그림 같은 사랑 … 37
태극기 … 38
7월의 악마들 … 39

물의 반란 … 40

시와 눈물 … 44

겨울나무를 그리는 화가 … 46

그건 사리가 아니다 … 47

일본 … 48

가을에 찾아오는 병 … 49

독후감 … 50

비수기 … 51

핸드폰을 꺼주세요 … 52

설경 … 54

김삿갓의 짚신 … 55

스님과 장군의 우화 … 56

지하철에서 조는 척하기 … 57

가을이면 생각나는 일 … 58

김영갑 … 60

사랑 사랑 … 62

유주촌有酒村 … 63

장례식장에서 넥타이 자르기 … 64

누가 산에 불을 질렀나 … 69

목련화야 … 70
어느 미술전 … 72
말[言] … 74
웃고 찍은 내 얼굴 … 75
시인 김춘수 … 76
시들지 않는 꽃 … 77
내 탓이오 … 78
너의 과제 … 79
심술 … 80
장마와 나팔꽃 … 81
작심삼일 … 82
은행나무 밑에서 … 83
내비게이션 … 84
지하철 장사 … 86
에스컬레이터마다 … 88
문즐의 온기 … 90
눈 오는 날 그녀는 … 92
개가 짖는다 … 93
어느 노숙자 … 94

죽은 생선 … 95
나무의 여행 … 96
겨울 공원 의자 … 97
자판기 … 98
나무와 시 … 99
재在와 부재不在와의 만남 … 100
이상李箱의 거울 1 … 102
이상李箱의 거울 2 … 103
다리 위에서 달이 … 105
시인 이규보李奎報 … 106
민들레꽃 … 107
이규보 선생 묘 앞에서 … 108
시인과 장미꽃 … 110
막걸리 … 111
공원에서 꽃을 훔치는 사람 … 112
나 요즘 … 113
복사꽃 생리 … 114
저 달이 … 115
삼각관계 … 116

뼈를 깎는 아픔 … 117
매미 … 118
고추와 꽃 … 120
사랑해 지연아 … 121
범태순 시인 … 122
욕하지 마라 … 124
즉석 연인 … 125
장공익張空益 … 126
나도 갤럭시다 … 128

후기 … 131
이생진 연보 … 134

골뱅이@ 이야기

누드를 그리는 제자
- 화가 김문회 1

2005년 4월 예술의전당 한가람미술관
풍만한 누드 앞에 서 있는데
가까이 다가온 중년 남자가
"혹시 시를 쓰는……?" 하기에
"맞습니다…"
"30년 전 제자입니다
그때(1964년) 소풍 가서
오락시간에 '새드 무비SAD MOVIE'를 불렀다고
선생님이 과자를 주신 김문회입니다"
나는 과자를 받았다는 두 손을 꼭 잡고
그의 얼굴과 그가 그린 누드를 번갈아 봤다
그의 턱에는 칫솔 같은 수염이 껄껄했고
그가 그린 여인의 음부엔 봄 향기가 소복했다
그래서 '속으로 멋있는 놈' 했다
새드 무비를 불렀을 때 이런 그림을 그렸다면
'당장 어머니 모시고 와!' 했을 텐데
이번엔 과자 대신
"한 잔 하지" 했다

그런데 그에게서
- 화가 김문회 2

전화가 왔다
그 후 3년이 지나서 전화가 왔다
"선생님 그림 그리는 제자 김문회입니다
병원에 있습니다
폐암 말기라고 합니다"
병원을 알리지 않으려는 것을 억지로
일러달라고 했다
용산에 있는 병원 326호
울먹이는 목소리다
봄 소풍에서 불렀던 새드 무비처럼 흐느낀다
그 제자가

용산에 있는 병원 326호
문 열고 들어서자
그는 침대에 누워 있고
아내는 침대 아래 누워 있다
"선생님, 죄송해요"
힘없는 목소리
새드 무비 그 목소리

그 후 몇 주가 지나
'김문회'라는 문자가 왔다
나는 반가워서
"자네 퇴원했나?" 물었더니
여자 목소리다
병실 침대 아래에 누웠던
아내 목소리다
"퇴원했나요?" 하니
"하늘나라로 갔어요"
그 이상 할 말이 없어
나는 이렇게 문자를 보냈다

'저 세상 가서도 그림 그리게
다음에 만나거든 그 그림 보여줘'

그리고 그가 2005년 4월 13일에 줬던
전시 안내장을 봤다
'시간 저편' Mixed Media / KIM MOON HOE
모델이 예뻤다 그때 나는 이렇게 물었다

자네는 어느 화가를 좋아하지 하고
그는 '케테 콜비츠'*라고 했다

그 후 나는 케테 콜비츠의 책을 사서
김문회의 그림을 보듯 콜비츠의 그림을 봤다
거기서 '병원 방문'이라는 목판화가
그가 부른 새드 무비 같아서
오래오래 봤다

*케테 콜비츠(1867~1945) : 독일 여류 화가

자식!
– 화가 김문회* 3

2005년 4월, 예술의 전당 한가람 미술관에서
옆에 서 있는 여인을 가리키며
"그림 속 여인입니다" 하고 소개한 그 여인은
그림 속 '시간의 저편'에 누워 있고
그림 바깥 김문회 옆에 검은 옷차림으로 서 있던 여인
그는 가고
그 여인은 혼자 울고 있는 것 같다
그가 부르던 '새드 무비'
아직도 나는 김문회를 잊지 못한다
자식!

*2005년 한국구상대전 김문회 '시간의 저편' 안내장

그림 앞에서의 대화
― 화가 김문회 4

내가 그림 앞에서 말을 잃고 있을 때
자네가 뭐라고 말했는지 알아?
"그림에 시를 담고 싶어요" 했지
그래서 나는 자네를 더 깊이 생각하네
이미 자네의 그림엔
시가 들어 있었던 거야
나 이전에 누드에 푹 빠진
자네 시가 있었네

나 미장원에서 커트했다

울타리 밑에서 바람 불기만 기다리는 늙은
민들레 홀씨 같은 내가
남성인지 여성인지 구별할 필요도 없이
유리창에 붙은 광고 '남성 커트 6000원'만 보고
미장원에 들어갔다

-컷트 되나요?
"그럼요"
대환영이다
뒷머리에 가위를 대며
"들어오시는데 청년 같았어요, 혹시 연세가?"
'혹시' 나이는 기억하고 있느냐는 물음 같기에
그저 쉬운 대로
-둘
했더니
"일흔 둘이신가요?"
-아니 여든 둘
"그런데 걸음걸이가 청년 같으시네"
-걸었더니 그래

"우리 엄니는 일흔 둘인데 늘 무릎이 아프시대요"
−난 걸었더니 그래
걷는데는 남녀 구별이 없다
"그래도 연령에 비해 다르신데요"
−걸었더니 그래
아니 시를 썼더니 그래 할까 하다가
엉뚱한 소리가 나올 것 같아서
그냥 '걸었더니 그래' 하고 말았다

−이발료가 얼마지?
"6000원입니다"
(내 시집은 7000원인데)
라고 생각을 하며 6000원 냈다
내 시집을 내면 천원 거슬러주는 미장원에 가고 싶다

핸드폰
— 정형우 유작 전展

핸드폰에서 흘러나오는 목소리를 메모지에 담고
한동안 멍하니 서 있었다
메모지에는 양평 와갤러리에서 6월 8일에서 22일까지, 인사동 물파갤러리에서 6월 16일에서 23일까지
받아쓰지 않은 부분은 머릿속에
미꾸라지로 남아 있다

"정형우, 아시죠? 선생님 인터뷰 사진을 찍은…"
—알죠. 아트뷰 2007년 11월호에 나온 사진
"그 사람 유작전을 해요"
—유작이라니?
나는 나 이상으로 놀랐다
그는 아직 마흔이 안됐을 텐데
나를 인천 가까운 섬으로 데리고 가
내 황혼을 섬에 기대놓고 찍은 젊은이인데
내가 여든 가까워졌으니
이런 메모리가 꼭 필요할 거라는 예상이었을지도
그래서 어두워지는 섬에서 셔터를 번개처럼 터뜨린
것인지

검은 바닷물에 그보다 짙은 내 황혼의 실루엣을 담가놓고는
  '바람의 묵시록'이라는 제목으로 잡지에 실었는데
  바다는 온통 검고
  날더러 바닷길을 한없이 걸어가라던
  젊은 사진작가였는데
  물귀신 같은 긴 발이 바닷물에
  풍덩 빠지고 있었는데
  내가 봐도 무거운 황혼길이었는데

  그리고 이번 시집에 넣은 사진은
  가방을 메고 웃는 얼굴
  오른 쪽으로 약간 기댄 듯한 사진
  나는 이 사진을
  죽었을 때 영안실에 내놓으라고 할까 했는데
  죽을 땐 좀 웃고 싶어서 그랬는데
  그 사람의 유작이라니

  ─무슨 유작?

"…스스로 끊었어요"
젊은 여인의 목소리다
—그 사람이 왜? 그 젊은이가
"끊었어요" 하고는 핸드폰을 끊는다

멍해진 머리통보다 숨이 끊어질 듯한 가슴속
이번에 나올 시집《우이도로 가야지》프로필 사진이
그가 찍은 바로 그 인터뷰 사진인데
그 시집이 나오면 꼭 보여줘야지 했는데
보여주며 그때처럼 늦은 밤 섬에서
조개탕이랑 마시던 막걸리를 마셔야지 했는데

이건 생벼락이다
이 시집이 나오자마자
인사동 물파갤러리에서 열리는 유작 전으로
조사弔辭를 읽으러 가는 기분
나는 그 사진 앞에서 무슨 얼굴이어야 하나
바로 그 프로필 사진 앞에서
조사를 읽어야 하니

아 젊은이, 왜 그랬어
한번 끓으면 그만인 것을

나와 집배원과의 관계

집배원 없이 찾아가는 이메일이 늘어나는데도
집배원의 발은 여전히 발바리처럼 바쁘다
오늘도 아파트 우편함을 채우느라 바쁜 집배원에게
가까이 가기가 미안하다
내게로 오는 우편물이 많아 그렇기는 하지만
그래서 또 그와 가깝다

그는 겉봉을 보고
내가 시인인 줄 알았을 것이며
내가 무해무독 하다는 것도
겉봉을 통해 알았겠지만
내 우편물이 많아 그에게 이롭지 않다는 것은
내가 인정한다
내 편지가 없었으면 그만큼
발걸음이 준다는 것을 나는 안다
그러나 내게로 오는 편지가 끊어지면
단번에 그는 내 운명殞命과 연계해 생각할 것이니
그것도 그와 나와의 인연이다

나는 바쁜 사람을 붙들고 주책없이 물었다
하루 몇 통이나 배달하느냐고
그랬더니
'택배까지 합치면 하루 일만 삼천 오백 통'이라 말하면서도
손은 여전히 우편함을 벌처럼 드나든다
물론 등기라면 계단을 오르내려야 하고…

한가한 사람은 하루 만 보 걷기라는데
이 사람은
한 통에 삼 보라 해도
하루 사만 오백 보를 뛰는 셈이다
그보다 일당으로 따지면
편지 한 통 배달하고 4원을 번다는 이야기다

암에 좋다
— 우체국장의 커피

도시 한구석에 있어서
우체통이 거리에 나와 있지 않으면 찾기 힘든
우체국
작은 우체국장
그는 얼굴보다 소리가 크다
내가 가면 벌떡 일어나
인스턴트커피를 종이컵에 타 가지고 와서
'암에 좋다'며 권한다
그래서 나는 우체국에 갈 때마다
집에서 커피를 마시지 않는다
우체국장의 커피를 마시기 위해서다
그는 내가 책을 보내러 우체국에 오는데
한 번도 무슨 책이냐고 묻지 않았다
나는 그에게 내 시집을 주고 싶은데
시집이 '암에 좋다'는 것을 모르는 것 같다

골뱅이@ 이야기
– 사랑과 기호

우리는 이것@을 생김새대로 골뱅이라 한다
우리만 그러는 것이 아니라
네덜란드는 원숭이 꼬리라 하고
노르웨이는 돼지 꼬리라 하고
핀란드는 고양이 꼬리라 하고
이탈리아는 지렁이라 하는데
사랑하는 방법은 지렁이나 골뱅이나 같다
'사랑'은 기호가 아니라 몸이기 때문이다
몸에는 피가 있고
눈에는 눈물이 있고
입에는 침이 있다
그것이 사랑일 때
피도 눈물도 침도 구별 되지 않는다
사랑은 기호가 아니라 피에 가깝다

또 골뱅이@ 이야기
– 인터넷 표류기

연애란 우체통에 부탁해야 추억이 되는 거
집배원은 받는 사람의 표정 때문에
시골길을 마다하지 않았고
편지 한 통 나르는데 한나절이 걸려도
가는 길을 멀다 하지 않았다

골뱅이@
이 느린 놈에게 총알 같은 마음을 맡겼으니
무자비한 것들 하며 불평할 여유도 없이
배달이다

빨리 배달된 연애는 빨리 식는다
느리게
그래서 골뱅이@ 표를 달고 사업하는 거 아니냐
골빈 사람들은 그저 속도만 믿는다

연애란 '기다림'이지 '속달'이 아니다
속도를 늦춰라
골뱅이@야

네 본성대로 늦춰라
더러는 배달이 늦어야 추억이 여무는 거
추억은 부딪쳐야 단단해진다
결국 연애란 '배달' 되지 않아서 끝이 나고
추억은 끝난 자리에 앉아 뿌리를 내린다

벌써 끝났는데
골뱅이@를 기다리는 것은 영원한 미련 때문
본래 연애는 짧고 추억은 길단다
골뱅이@야
절대로 서둘지 마라

그들은 가고

덕수궁 은행나뭇잎이 가을 살갖을 물들일 때
'슈미즈 차림의 젊은 여인'* 앞에서
발을 멈춘다
그리고 내 여인을 생각하듯
모딜리아니의 여인
잔 에뷔테른을 생각한다

어느 날 그녀는 뒤따라오는 주정뱅이에게
따라오지 말라고 소리친 적이 있다
그래도 따라와서
더 큰 소리로 '따라오지 말아요' 하고 뿌리친
그 남자가 죽었을 때
6층 집 창밖으로 뛰어내려
그 남자의 뒤를 따라간 여인이
슈미즈 차림으로 내 앞에 와 있다

무슨 말을 해야 하나
그들은 가고
백 년 전에 속삭이던 그들의 사랑이

긴 목에 남아
하얀 슈미즈 차림으로 나를 찾아왔는데

*1918년에 그린 모딜리아니의 그림

사진 설명

갑자기 청춘을 내놓으라는데
사진 한 장 제대로 찍어놓은 게 없어서
청춘을 찾느라 이틀 걸렸다
내 나이 81
81을 뒤집으면 쉽게 청춘(18)이 나오지만
뒤집어도 뒤집어도 뒤집히지 않는 세월의 두께
그래도 사진 한 장에 청춘이 남아 있어
다행이다

서산농림학교 5학년
시골 학교엔 제대로 된 교모校帽가 없어
대전으로 전학 온 친구의 모자를 빌려 쓴 것이
내 18세의 모습
나도 가난했지만 학교가 워낙 가난해서
가난에 절은 이목구비
다시 뒤집어 81로 돌아오면
흑백 사진의 눈동자가 서러워 눈물이 난다
죽지 않고 살아 있는 나의 눈동자

내일 우이도로 떠나는데
그 젊은이를 데리고 가
바닷가를 거닐며
살아온 이야기 건네주고 싶다

시집 잘 받았습니다

요즘 저
잡지사에서 시를 달라고 해도 잘 안 보냅니다
고료를 주는 것도 아니고
누가 읽었는지 모르는 걸
그리고
이렇게 써라 저렇게 써라 간섭은 많고

시집을 보내줘도 메일 주소가 없으면
고맙다는 말을 할 수 없어
입을 싹 씻고 있습니다
시집 한 권 만드는데 얼마나 힘이 듭니까
그것을 한 편도 안 읽고 입을 씻는다는 것은
양심이 허락하지 않습니다
게다가
나도 모를 만큼 늙었고
우체국은 멀고
지팡이 들고 버스 오르내리기 귀찮고
붓도 펜도 쓰지 않은지 오래됐고
제일 가까운 것이 컴퓨터여서

메일로 보내지요
나도 최영미 시인처럼 컴퓨터를 좋아합니다

시집 보내준 박점득 님
시집《쉿!》잘 받았습니다
그리고
'사주팔자' 잘 읽었습니다
사주팔자려니 하고 쓰세요
어떤 사람은 팔자에도 없는 시를 쓰느라
고생하더구먼

천년의 은행나무
– 어느 절 앞에서

내가 너에게서 구하고자 하는 것은
자궁을 더듬는 생명력이다
그게 있는지 확답하라

그로부터 천년
– 네 몸에 생식을 담아낼 DNA가 있느냐 말하라
"여보게 그것이 없으면
내가 만년萬年을 이 자리에 서 있은들
무슨 소용인가"
그날부터 절 문을 닫고
스님은 은행나무 밑으로 목탁을 옮겨놨다

그림 같은 사랑

눈으로 들어온 사랑은
눈을 감아도 보이고
입으로 들어온 사랑은
입을 닫아도 달다
가슴으로 들어온 사랑은
밖에 서리가 차도 따뜻하여
사람은 사랑으로
사람도 낳고 그림도 낳는다
하지만 사랑은
그림보다 간직하기 어렵더라

태극기
― 4강으로 가던 날

붐비는 지하철에서
얼굴에 태극기를 그리던 소녀
그 소녀의 얼굴이 대한민국이다

경기장마다 하늘에서 내려오던 대형 태극기
그건 신화가 아니라 대한민국이다
붉은 악마의 티셔츠,
Be The Reds!
그건 악마의 잠꼬대가 아니라 대한민국이다

신화란 신이 만든 신의 이야기가 아니라
사람의 힘이 신에게까지 미친 이야기다
우린 그 힘을 어디에 쓸까

대~한민국!
대~한민국!

7월의 악마들

악마들아, 바다로 오라
Be The Blues!

여기서는 손뼉을 치지 않아도 된다
바다가 손뼉이니까
여기서는 조국을 부르지 않아도 된다
바다가 조국이니까

승리도 패배도 없는 곳
여기서는 국기를 흔들지 않아도 된다
네가 지르는 소리가 국기요
네가 지르는 소리가 민족이요
네가 지르는 소리가 통일이니까

바다로 오라
침묵으로 시작해서 침묵으로 돌아온
바다는 영원한 통일이니까

물의 반란

1
지금 우리 집은
아버지도 어머니도
텔레비전도 휴대전화도
복수腹水가 차 있다
이건 사람만의 불행이 아니다
무거운 복수를 안고
죽음의 거미줄에 매달린 비극을
태풍 루사* 탓이라고 한다면
루사는 무어라고 반박할까
사람들은 자연 앞에서 너무 거만했다고 할까
굴착기가 그랬고
덤프트럭이
레미콘이
비행기가
선박이
자동차가 그랬고
고속도로가
터널이

방조제가 그랬다고

2
"그곳은 지금 어떻습니까?"
"칠백여 가구 침수에
천 칠백여명이 대피 중입니다
아니 백사십 명의 사망과 실종에
이재민이 이만 여명
한 가족이 흙에 깔렸습니다
그밖에도
수십 채의 공장이 복수에 차 있습니다
도로가 유실되고
논 밭 집 축사가 가축과 함께 떠내려갔으며
통신 전기 수돗물이 끊겨서
칠흑 같은 암흑입니다"
복수 찬 도시의 병원에서 주고받는 소리다
그들은 방송을 듣기 위해
귀에 이어폰을 꽂고 있다
이어폰은 양수기가 아니라서

물을 퍼낼 수 없다고 발버둥친다

3
강릉에 870.5 mm의 집중 호우!
일 년 치 강수량 절반 이상이
하루에 쏟아진 것이다
하나의 도시가 물에 잠기기는 이번이 처음
배에 있던 복수가 나가지도 못하고
들어오지도 못한다
의사도 복수에 시달리고 있다
간호사가 주사기로
의사의 배에서 복수를 뽑아내며
"너무 해" 하며 머리를 흔든다
누구보고 하는 소리인지 모르겠다

4
시인의 시에 오르내리던
'물과 바람이 이럴 수가' 하고
이번엔 시인이 분노한다

하지만 시인의 분노는 아무데도 쓰지 못한다
천 원의 의연금도 내지 못하는 시인
'물벼락을 맞아도 싸다'며
루사가 시인의 얼굴에 침을 뱉는다

*루사RUSA : 2002년 8월 말 한반도에 상륙했던 태풍

시와 눈물

2003년 5월 4일 낮 12시
4·3 희생자들의 영혼을 달래기 위해
아끈다랑쉬오름을 찾아가 시를 읽는데
일흔 가까운 노인 한 분이
손수건으로 연상 눈물을 닦고 있었다
보슬비도 눈물처럼 내리기에
빗물을 닦고 있겠지 했더니 그게 아니다

무슨 사연이 있느냐고 묻자
"내가 열 살 때
가족과 친척 서른 두 명이 총살당하고
어선 한 척에 실려 일본으르 달아났을 때
민단은 우리더러 빨갱이라 하고
조청년은 우리더러 반동이라 하고
일본 사람들은 우리더러 조센징*이라 하고
정말 설 땅이 없었는데
오늘 고향 땅 이 자리에 와서
떡 몇 조각에 막걸리 따라놓고 비를 맞으며
정치인도 아니고 지방 유지도 아니고

유족은 더욱 아닌 사람들이
시를 읽어 혼을 달래는 것을 보니
저절로 눈물이 납니다" 하며 울었다

이날 보슬비는 하루 종일 내렸고
찔레꽃은 영혼처럼 희게 젖어들어
비가 와도 휘파람새 소리는 그치지 않았다
온 마을이 불에 타고 눈물바다가 되던 그날
그 울음소리처럼 휘파람새가 울었다

*조센징 : 일본어로 '조선인朝鮮人'이라는 뜻이지만, 일본 강점 하에서는 강한 모멸감을 주던 말이었다.

겨울나무를 그리는 화가

수령 구백년!
뿌리만큼이나 깊게 파고든 침묵이 입을 연다면
무슨 말을 할까
그건 묻는 사람의 이야기가 되고 만다

"이른 봄부터 당신의 언어를 그리다가
겨울을 만났죠
여름의 화려한 언어가 노랗게 물들었을 때에도
이 겨울의 무거운 침묵을 생각하지 못했어요
이야기는 노랗게 변해서 떨어지고
침묵은 흙 속에 잠긴다는 것도
겨울에 와서야 알았죠
당신이 한 해에 걸쳐 써놓은 시를
다 읽기도 전에
당신은 흙 속에 잠기듯 침묵에 잠기고 있었어요
당신의 구백년!
한 포기 그림에 담기엔 무리였어요"

그건 사리가 아니다
– 목욕탕에서

여름 한철 목욕탕은 한가하다
이렇게 조용한 절간이 어디 있나 하고
거울 앞에 앉아 독경을 하듯
벌거벗은 나를 읽는다
저 입이 먹어치운 양은 얼마나 될까
그리고 아무 실적이 없는 배꼽
그 밑에 침묵으로 일관하는 음모와 고환
비뚤비뚤 걸어온 두 다리
이렇게 나를 발끝까지 읽어가다가
젖은 수건으로 문지른다
사흘 전에도 이렇게 문질렀는데
또 때가 밀린다
먹고 때만 만드는 나의 육신에
목욕탕 유언을 심는다

'죽어서 사리가 한 사발 나오더라도
놀라지 말고 다 버려라
그건 사리가 아니라 때의 응고다'

일본
– 태극기를 꽂으며

내가 일본사람을 좋아하는 것은
얼굴과 키가 어쩌면 그렇게
닮았느냐 하는 점이고
싫어하는 것은
갈수록 역사를 안 읽는다는 점이다
안 읽는 것까지는 좋은데 왜
잘못 저지른 면을
한 장씩 한 장씩 찢어 없애느냐 말이다
국가도 개인처럼 이웃이 좋아야 하는 건데
이웃이 그래가지고는
아무리 얼굴이 닮아도 속까지 닮기는 어렵다
차라리 닮지나 말았으면 하며
3·1절 날 아침 일찍
그날의 눈물처럼
높은 아파트 꼭대기에 태극기 하나 꽂는다

가을에 찾아오는 병

어떤 땐
문을 꼭 닫아야 시가 되니까
가을이 들어오지 못하게
가혹할 정도로 조용하게
귀뚜라미 우는 소리도
방해 된다며 문을 닫는
밀폐성 질환
나는 그렇게
시를 앓을 때가 있다

독후감

표지가 누런 거
표지가 퍼런 거
표지가 하얀 거
읽다 보면
누구 시는 누구 시 같고
누구 시는 누구 시 닮고
누구 시는 아예 누구 시다
아마 누가
내 시를 읽으며 하는 소리도 그럴 거라며

비수기

비수기
어딜 가나 텅 빈 가슴이다
식당은 종업원만 앉아 있고
목욕탕은 때밀이 혼자
이발사는 TV 채널만 돌리고
유람선은 가슴으로 울먹인다
썰렁한 러브호텔
빈 베개 두 개
싸늘한 침대를 누가 데우나
돈 없인 사랑이 되지 않는 비수기
가랑잎만 뒤척이는 공원
겨울이 길다

핸드폰을 꺼주세요
– 부정행위

난리다 난리
유치원서 대학원까지
연필은 없어도 핸드폰은 필수라
핸드폰 장사가 잘되다 보니
입시부정은 필수요
생활부정 말도 마라
어제 오늘 생긴 일이 아니니 부산피지 말고
어린 것들 기氣나 꺾지 마라

김삿갓이 열두 살 때1818년
성균관 사성司成 이형하李瀅夏가 이런 지적을 했다

과거科擧 여덟 가지 폐단
一、남의 글을 빌어 쓰는 일, 차술차작借述借作
二、책을 시험장에 가지고 들어가는 일, 수종협책隨從挾册
三、시험장에 아무나 들어가는 일, 입문유린入門蹂躪
四、시험지를 바꿔 내는 일, 정권분답呈券紛遝
五、밖에서 써내는 일, 외장서입外場書入

六、시험문제를 미리 알게 하는 일, 혁제공행赫蹄公行
七、이졸이 바꾸어 드나드는 일, 이졸환면출입吏卒煥面出入
八、시권試券을 농간하는 일, 자축자의환롱字軸恣意幻弄

이형하는 순조 때 사람
순조를 움직인 사람은
김병연김삿갓의 친척 할아버지 안동 김 씨들
하도 과거시험이 엉망인지라
김삿갓이 남의 이름으로 시험장에 들어가
답을 쓴 다음
껄껄 웃으며 삿갓 쓰고 퇴장한 적이 있다

설경

저 넓은 들녘에 흰 눈
무덤이 아름답다
공처럼 뒹굴고 싶은 마음
이런 마음은 언제 늙나

김삿갓의 짚신

김삿갓이고 싶었다
그러면 옷도 신발도 삿갓도
있어야 하는 것이 아닌가
짚신부터 사러 갔다
종로 2가 만물상
거기엔 없는 것이 없다
다 있다
미투리가 있다
이 만 원
삿갓이 있다
삼 만 원
도포가 있다
팔 만 원
이걸 사서 신고 쓰고 입으면 돈이 모자라다
이만한 가격이면 김삿갓도 사지 않을 것 같아서
나도 포기했다
결국 김삿갓이 되지 못했다는 변명이다

스님과 장군의 우화

도롱뇽 한 마리 살리기 위해
백일 동안 단식한 스님이 있는가 하면
"사람들을 쏘는 것은 재미있으며
솔직히 나는 싸우는 것을 좋아한다"고
말하는 장군*도 있다

스님도 사람이고 장군도 사람이기에
생각은 자유지만 살육은 자유가 아니다

도롱뇽을 살리려면
2조 5000억을 부담해야 하는 가난한 나라
수조 억을 쏟아 붓고 싸우는 전쟁에 따라다니며
박수를 치는 수많은 사람과
평화 때문에 죽어가는 수많은 사람
울음도 웃음도 한 목구멍에서 나온다는 것이
얼마나 서글픈 일인가

*이라크와 아프가니스탄에서 지휘관을 역임한 뒤 현재
 미 해병대 전투개발사령부 사령관으로 재직 중인 제임
 스 매티스 중장

지하철에서 조는 척하기

오늘은 지하철에 빈자리가 많아
서울 인심이 넉넉해 보인다
이런 날은 조는 척하지 말고
책 읽는 척해라
불쌍한 대한민국 청년아
대한민국은
거저 되는 줄 아니

가을이면 생각나는 일

생각은 자유니까 마음대로 하는 것인데
만일 지금 60년을 돌려줄 테니 돌아가겠느냐 한다면
나는 돌아가지 않겠다

그렇게 쓸쓸했던 가을
소박한 차림에 소탈한 눈으로
산언덕에서 기다란 미루나무 잎이
하늘로 가려다 지쳐서 떨어지는 것을 보고
어린 맘에도
이처럼 아득한 세월을 어떻게 살아간담

남들은 어려서의 걱정을 부모가 했는데
나는 내 걱정을 내가 하던 시절
그것이 지금은 다 살아서 없어지고
마지막 잎새처럼 남았구나

60년을 돌려줄 테니 다시 돌아가겠느냐 한다면
그럴 생각이 없다고
고생해서가 아니라

빼앗긴 것이 하도 많아 다시는 돌아가기 싫다
돌아간다 해도 다시 빼앗길 걸

이대로 가겠다
황금을 준대도
이대로 가겠다

김영갑
– 추모시

그대를 처음 만난 곳은 마라도 바닷가
그때 사진첩 '마라도'를 내놓고 이제부터라며
손을 잡았지
그로부터 10년
나는 펜으로 시를 쓰고
그대는 카메라로 시를 썼네
그대의 예술은 뼛속에서 흐르는
눈물의 흔적이야
뼛속에서 흐르는 눈물

나는 오늘 인사동에서
박희진 시인과 시낭송을 하기로 되어 있어
박희진 시인은 '사진가 김영갑'을 읽고
나는 '황진이와 임백호'를 낭송하기로 했는데
그대의 부음을 듣고는 영 마음이 가라앉지 않아
박희진 시인에게 맡겨놓고 나 혼자 왔네
오늘밤 박희진 시인은
'사진의 매력이
한 젊은이의 뼛속에까지 바람을 넣어

오로지 사진 미치광이로,
미의 사냥꾼, 피사체 찾는 떠돌이 되게,
사진기 둘러메고 방방곡곡을 누비고 다니게
만들 수가 있는 걸까'
이렇게 읽으면서도 마음은 이곳에 와 있을 거야
예술은 미쳐야 이루어지는 것인 줄 알지만
정말 힘 드는 작업일세
'앞으로는 사람을 찍겠다'고 다짐하던
그대의 입에서 아직도
그 욕망의 물결이 보이는 것 같군
허나 이만큼 남겨놓은 것도 아름다운 완성이니
이제 푹 쉬게나
그대가 용눈이오름이나 다랑쉬오름으로
카메라를 메고 다니는 것을 상상하며
나도 얼마 남지 않은 세월
제주 바닷가를 떠돌다 가겠네
조용히 잠드소서 고독한 김영갑이여!

사랑 사랑

'사랑 사랑
누가 말했나
바보들의 이야기라고'*
하며 따라 부르다가

맞아 맞아
그 말이 맞아
왜 그 말이 맞는 말일까
하며 따라가다가도
허전한 행방불명
그렇게 이어지는구나
너와 나는
아무에게도 하지 못하는 이야기
바보 같은 이야기

*남궁옥분의 노래 중에서

유주촌有酒村

인사동 보리수 찻집에서
삿갓 쓰고 퍼포먼스를 한다
체감온도 영하 20도라는 밤
갤러리 카페는 후끈하다
시선은 삿갓 속으로 들어오고
도포자락에 고드름이 매달리듯
홍경래와 김삿갓이 맞붙었다
그래도 싸우지 않은 것은
영혼으로 만났기 때문
인간은 보여주는 거
시인은 영혼까지도 보여줘야 속이 시원하다
홍경래는 실패를 자인하고
김삿갓은 죽으나 사나 술이다
'곧 죽어도 술이 있는 마을 그냥 지나가기 어려워'
십사난과유주촌+死難過有酒村
삿갓 속으로 스며드는 바람을 맞으며
박수를 뒤로 하고
술 한 잔 하러 밖으로 나왔다
오늘밤 인사동은 유주촌有酒村이다

장례식장에서 넥타이 자르기
- 백남준(1932~2006)

1 플럭서스*
2006년 2월 3일 오후
맨해튼 프랭크 캠벨 장례식장에서 조사를 읽던 비틀즈 존 레논 부인 오노 요코가 옆 사람의 넥타이를 가위로 자르자 400여명의 조문객들이 일제히 옆 사람의 넥타이를 가위로 자른다

1960년 백남준이 '피아노포르테를 위한 연구'를 발표한 자리에서 관람객의 넥타이를 잘랐던 퍼포먼스를 46년이 지난 오늘 그의 유해 앞에서 재연한 것이다

자른 넥타이 조각으로 시신을 덮은 것은 플럭서스로 시작한 영혼을 플럭서스로 보내기 위함이다

2 …하기도 하고
그는 알몸으로 첼로처럼
여자의 품에 안기기도 하고
고가高價의 피아노를
도끼로 두들겨 부수기도 하고
바퀴 없는 바이올린을 끌고
거리로 나가기도 하고

관객들의 머리에 세제를 뿌리기도 하고
관중석에 오줌을 갈기기도 하고
헌 구두로 물을 마시기도 하고
머리로 붓글씨를 쓰기도 하고
피가 뚝뚝 떨어지는 황소머리를
전시장 입구에 매달기도 하고
미국 대통령을 만난 자리에서
바지가 흘러내리기도 하고

3 예술은 사기다

 '원래 예술이란 반이 사기입니다 속이고 속는 것이지요 사기 중에서도 고등 사기입니다 악평 같은 거 내가 일생 동안 오죽 보았어요 이제 악평 같은 거 받음 받을수록 예술가가 자라지요 신념 가지고 했으니까요 난 원래 어리광쟁이로 자라서 그저 그때 하고픈 일을 그냥 해요 그러면 이것도 되고 저것도 됩니다'라고 말하는 그는 분명 아트 테러리스트다

 그렇지만 나비를 잡아 액자에 넣는
 잔인한 표구사가 아니라

머릿속에서 파닥이는 독수리를 창공에 날리는 자유인이다

4 출신
서울 서린동 집에서 태어나 보니
아버지는 거대한 태창방직 경영주요
할아버지는 만조백관의 관복을 궁중에 납품하는 거부
애국유치원을 거쳐 수송학교를 다닐 때에도
흙을 밟지 않았으며
경기중학을 말 타고 다닐 정도였으니
어려서부터 막힐 게 있겠는가
수학과 물리에 뛰어난 재능을 가지고 있었으며
신재덕 선생에게서 피아노를
이건우 선생에게서 작곡을 사사 받았으니
바탕이 탄탄할 수밖에
18세가 되던 해 여름 6·25전쟁이 터지자 일본으로 건너가 도쿄대학에서 미학사를 독일 뮌헨대학에서 음악학과 미술사를 공부하고 쾰른대학을 거쳐 플럭서스 운동에 가담하니 서양 사람들 동양에서 온 문화 테러

리스트라며 설레설레 머리를 흔든다

  5 두 여인
  그를 따라다닌 두 여인이 있다
  하나는 일본 여인 구보타 시게코
  또 하나는 미국 여인 샬로트 무어만
  구보타는 1963년 도쿄의 소게츠회관에서 열린 퍼포먼스에서 처음 만나 14년 만에 결혼했고
  무어만의 백남준이 알몸으로 첼로를 연주할 만큼 가까운 사이다
  외설혐의로 체포되기도 했지만
  무어만은 백남준이 죽기 15년 전에 유방암으로 타계했다
  구보타하고는 첫눈이 맞은 지 14년 만에 결혼했으면서도
  '그냥 불쌍해서 결혼해 줬어' 하고 웃어넘긴다
  중풍으로 쓰러져 누운 남편을 위해
  뉴욕 한인타운에서 김치를 사오는 구보타는
  아프니까 아내죠 그래도 이제

신혼여행하는 것 같다며 웃는다
죽어서도 웃고 웃기는 백남준
바이올린을 끌고 어디로 갔나

*플럭서스Fluxus : 1960년대에서 1970년대에 걸쳐 주로 독일 여러 도시에서 일어난 국제적 전위예술운동.

누가 산에 불을 질렀나

얼마나 속이 아프면
산에 불을 지를까
산이, 나무가, 돌이, 바위가
짐승처럼 타 죽네
누군 산에 터널을 뚫는다고
한 달씩이나 단식인데
누가 겁 없이 산에 불을 질렀나
산불이 사흘째 기승이네
화난 가슴에 바람이 가세해서
산언덕 넘어 절 앞까지 왔네
부처님도 끄지 못하는 불
안 되는 세상 다 태워 버리겠다고
남의 속까지 태우면 되나
불이 내게로 옮겨 붙을까 두려워
텔레비전을 끄네
텔레비전을 끈다고
그 불이 꺼질까

목련화야

목련* 밑에 모여 목련을 이야기하는 동안
내게서도 목련 냄새가 난다
내가 벌이 되어 너의 호수에 빠졌다는 이야기

자 이야기 좀 하자
4월이 가기 전에
네가 시들기 전에
네가 명동에서 혜화동으로
혜화동에서 방이동으로
백년의 수레에 실려 왔다는 거
너도 역사가 되었다는 거
너도 학교 종소리를 들으며 자랐다는 이야기

목련화야
학생들이 교실로 다 들어가고 나면
너도 교실로 들어가고 싶지
창가에서 기웃거리는 목련화야
너도 소리 내어 책을 읽고 싶지
꽃아 너도 피아노에 맞춰 노래 부르고 싶지

너도 미술 시간에 네 얼굴을 그리고 싶지
너도 기차 타고 멀리 수학여행 가고 싶지

꽃아 너도 역사가 되었다는 사실을
실감하는 거지

*목련 : 보성중고등학교 교목

어느 미술전

적어도 예술의 전당인데
왜 그림에서 하품이 나올까
그림에 수면제를 뿌렸나
아니면 내가 잠에서 덜 깼나
이상하다
'이 그림은 하품이 나오는 그림입니다'
라고 주註를 달았다면 내 잘못도 아닌데

작가님!
머리를 길게 늘어뜨린
작가님!
실례지만 당신은 여잡니까 남잡니까
아리송해서

선線도 읽고
색色도 보고
질감을 찾느라
앞으로 다가서기도 하고
뒤로 물러서기도 하고

나도 신중을 꾀했는데 이상하다
왜 그림에서 하품이 나오는지
이상하다

말[言]

말
말엔 얼굴이 없다
하지만
83
84
78
수數에는 시간의 얼굴이 있다
괴테는 83에 타계했고
우리 어머니는 84에
그리고 나는 지금 78이다

괴테는 '시간은 짧고 예술은 길다' 했다
아니 이 말은 히포크라테스가 먼저 한 말인데
나도 할 수 있는 말이다
그렇지만 우리 어머니는 하지 않았다
오늘 나는 말로 된 파우스트를 읽는다
괴테의 얼굴을 만지고 있는 것이다
그만큼 나는 시간보다 현명해졌다
그러나 그것은 말 덕분이다

웃고 찍은 내 얼굴

내가 웃는 내 사진을 보고
다시 웃는다
삼중三重으로 겹친 웃음이다
저렇게 신나게 웃을 이유가 없는데 해서
내 속을 꺼내보면
사진 찍을 때 웃으라고 해서 웃은 것인데
그 순간 찰칵하고 말았다
사진은 한번 웃으면 영원히 웃게 되는
실수를 범한다
그 실수밖에 없는데
영원히 웃는 사람이 되고 말았다
사진 찍을 때 웃으라고 해도 웃지 말아야
진짜 내 얼굴이 나오는 것인데
나는 가짜 가지고 늘 웃고 있다

시인 김춘수

그는 죽었다
그가 죽기 전 어느 기자의 질문
-국회의원도 하셨던데
하자
얼른
그건 없었던 일로… 해달라고

왜 그랬을까
국회의원 월급이 얼만데
지금도 시를 버리고 국회로 갈 사람 하면
맨발로 뛰어갈 사람이 얼마나 많은데
그걸 없었던 일로… 해달라고
왜 그랬을까
시만 있었던 일로… 있고 싶은
김춘수

시들지 않는 꽃

여자들은 항상 꽃이기를 원한다
시들지 않는 장미꽃
시들지 않는 백합꽃
시들지 않는 코스모스
그게 어디 있으랴만

그 때문에 거울을 보고
눈썹을 그리고
입술을 추기고
향수를 뿌린다

할머니가
어머니가
딸이
손녀가

여자들은 항상 시들지 않기를 원한다
그런 순한 계절이 어디 있으랴 만
여자들은 시든 꽃에 분칠을 하며 실망한다

내 탓이오*
− 2006년 서울미술대전 구상 조각

서울시립미술관
1층
흰 벽에 이마를 부딪치며
'내 탓이오'
내 탓이오 한다
검푸른 싱글에 하늘색 넥타이
흰 벽에 15도 각도로 서서
굳게 벌긴 두 손으로 몸을 받들며
5초마다 이마를 부딪친다
'내 탓이오'
내 탓
벽이 없으면 심심하겠다

*이원석의 작품 '내 탓이오'

너의 과제

(시인의 과제)
우선 너의 과제는 이거다
너는 너를 얼마나 너이게 할 수 있느냐 이거다
명예를 위해서가 아니라
위신을 위해서가 아니라
영웅을 위해서가 아니라
경력을 위해서가 아니라
너는 너를 위해 얼마만큼 너를 누릴 수 있느냐 이거다
연결로부터의 자유
기존으로부터의 자유
명命의 이기利器로부터의 자유
윤리와 도덕으로부터의 자유
철학과 종교로부터의 자유
그건 일탈이다 고행이다 탈락이다
그건 이기利근다
나는 극도로 독이 오른 그 사람이 보고 싶다

심술

육지와 섬을 쇠다리로 용접해놓고
승용차
트럭
오토바이
싱싱 달리는 것을 보고 있으면
왠지 심술이 나서
커다란 쇠톱으로 다리를 잘라 버리고
시퍼런 바다가 밀려왔으면 한다
고독이 뭐 그리 바빠서 싱싱 달리는지 모르겠다

장마와 나팔꽃

장마는 무슨 심술로 싹쓸이 하는가
게릴라성 폭우
그래도 구사일생으로
살아남은 나팔꽃이 태연하다

비닐하우스가 날아가고
지붕이 내려앉고
포도밭이 쑥대밭 되고
뒷산이 무너져
무너진 흙더미에 할머니가 깔리고
할머니를 흙에서 꺼내어 다시 흙에 묻은 뒤
웃음이 완전히 사라진 줄 알았는데
젖은 가구가 들어오고
한 가족이 한자리에 앉아 텔레비전을 본다
모두 나팔꽃처럼 태연하다
내년 장마는 어떻게 치를 것인지
아무도 걱정하지 않는다

작심삼일

해마다 연초에 하던 소리
이것만은
이것만은 하고 다짐하던 소리
그 소리가 헛소리로
삼십 년이 지났네
작년에도 하루 한 장씩 읽겠다던
괴테의 '시와 진실' 872쪽
겨우 63쪽 읽고 말았으니
이젠 작심을 말아야지
그래도 64쪽부터 다시 시작하겠다고
얇은 책장을 넘기며 빙긋이 웃네

은행나무 밑에서
— 신수神樹

누군가 은행나무 밑에
술이랑 사과랑 놓고 갔네
뭐라고 빌었을까
그건 미신이지
아니야 그것도 신앙이야
신앙 아닌 미신이 어디 있나
믿고 빌면 신앙이지
나무는 무엇을 주겠다고 했을까
웬만하면 뜻대로 하라 했겠지
나무는 따뜻하니까 하고 싶은 대로 하라 했겠지
나무를 믿는 사람은 순하니까
나무도 그 사람을 믿겠지

내비게이션

'700m 앞에서 제한속도 80km입니다
안전 운행하십시오 이 구간은 위험지구입니다'
목 없는 내비게이션의 목소리

15년 후
사이버 나우*의 목소리는
'오늘 술이 과했으니 2차는 가지 마십시오
지금 혈압이 오르고 있으니
30분 후에 혈압 약을 드십시오'
목 있는 자의 목소리는 없고
목 없는 자의 목소리만 들리는 시대
인공지능AI의 목소리
사람들이 울지 않으니 눈물의 교류가 없는 시대
눈물이 없으니 눈물을 먹고 사는
플랑크톤이 없는 시대
결국 시의 플랑크톤이 없는 시대
결국
'30분 후 당신은 죽습니다 미리 누워 계십시오'
결국 미리 누워 있는 시대

결국 사死를 생生으로 사는 시대
그냥 누워 있으면 되는 시대
행복이 사기 당하는 시대
바보같이 편리한 시대
목 없는 자가
목 있는 자의 목소리를 대신하는 시대
내가 내 앞에서 무용지물이 되는 시대

*제롬 글렌Jerome Glenn의 주장: 15~20년 후 사람들이 '사이버 나우Cyber Now'를 통해 원거리 교육을 받고, 원거리 의료 검진을 받으며, 원거리 직장을 다니는, '시공간 초월의 시대'가 된다는 것.(2007년 1월 2일자 조선일보)

지하철 장사

지하철 1호선에서 4호선으로 갈아 탄다
손수레에 실린 낡은 박스를 끌고 따라 들어온
중년 부인
감기 든 목을 가다듬고 수줍은 용기를 꺼낸다
"장갑 사세요 천원입니다"
이번엔 손에 든 검은 장갑이 수줍어 한다
"장갑 사세요 천원입니다"
검은 장갑이 팔리고 싶어 한다
먹이기 위해서 팔리고 싶어 한다
영하 8도의 날씨에 재미봤다는 소문을 듣고 나왔는데
오늘은 불행한 영상 8도
한 켤레도 팔리지 않는다
내가 한 켤레 사주려고
노약자석에서 시집을 읽다가
천원을 꺼내는 동안 다른 칸으로 가버린다
이상하게 섭섭하다
살기 어려운 것은 시인의 아내도 마찬가지
내 아내가 내 시집을 수레에 싣고
지하철 칸마다 돌아다니며

'시집 사세요 천원입니다' 하는 것을 상상하며
읽던 시집을 덮고 조는 체 한다
시집 읽기가 부끄럽다

에스컬레이터마다

지하철역마다
애인이 있다는 거
계단 위에서
계단 밑에서
에스컬레이터에서
엘리베이터에서
누가 보건 말건 사랑한다는 거
그래 그게 네 오늘의 복이야
팔짱을 끼고 갈 수 있다는 거
가면서 살짝살짝 키스를 할 수 있다는 거
응, 그래
쑥스럽게 여길 필요 없어
네게만 있다는 거
그게 얼마나 자랑스러운데
짧다고?
응, 그래 행복은 짧은 거야
그래서 더 갖고 싶지
찬 세월에 손을, 입을, 입술을 녹일
사랑이 있다는 거

너는 지금 행복에 취해 있어
남들의 비운을 모를 거야
너무 행복하면 남을 모르니까
그것까지 챙기는 키스는 없지
살금살금 남몰래 하는 사랑
에스컬레이터를 타고 키스하는 거
하늘로 가는 기분이지
그 기분 때문에 캄캄한 지하에서도
하늘을 느끼는 거야

문즐의 온기

내가 문즐*에 아직 남아 있는 것은
아직도 식지 않은 미지근한 온기 때문이지
사람들은 외로울수록 따뜻한 법이야
그때가 진국이지
한참은 번화한 시끄러움도 있었는데
이젠 다 가고 고요한 밤
조용하다는 것이 이렇게 중요한 것일까
역설적이지만 나는 외로운 것이 좋아
조용할수록 시비가 없지
지하철에서도 옆 사람의 통화소리가 크면
나는 다음 칸으로 옮기고 말아
목소리 큰 사람들 때문에
여러 번 죽었지
시는 소리가 크다고 크는 것이 아니야
아주 조용하게
땅에 묻힌 듯 작아질수록 시가 크는 거지
자장가는 작을수록 좋은 거야
굼벵이 같은 동작으로
아주 살그머니

흙에 묻힌 듯 아주 그렇게

물거품처럼

나는 꺼질 거야

*문즐 : 김한순 시인이 운영하던 문학 사이트 '문학의 즐거움'

눈 오는 날 그녀는

눈 오는 날
옆집에서 피아노 소리가 난다
한 번도 피아노 치는 그녀를 보지 못했는데
창밖의 눈을 보니 그녀가 나와 있다
그녀의 얼굴이 눈처럼 희고
그녀의 눈썹이 검은 건반 같고
그녀의 목소리가 새소리 같고
그녀의 손이 흰 나비 같고
눈 오는 날
그녀의 옷이 흰 날개 같다

개가 짖는다

개가 나를 보고 짖는다
조용한 산책길에 개가 발악을 하며 짖는다
그럴 까닭 없는데 개가 짖는다
아니 개에게는 큰 사건인지도
반가우면 꼬리를 흔들 일이지
왜 짖으며 제 집으로 들어가느냐 말이다
내가 저쪽으로 피해가자 제 집에서 나오며 또 짖는다
무슨 까닭이 있는 모양인데 나는 전혀 모르겠다
허나 한 편의 시가 되었다는 것은 분명하다
시란 이렇게 시시하게 태어나는 것인데
서로 소통이 안 되면 답답할 수밖에
그래서 짖는 건가
그렇다면 시를 쓰는 것이 아니라
시를 개처럼 짖는 거지
미안하다
개야

어느 노숙자

산이든 바다든 아니면 죽음이든
갈 곳이 있다는 것은 행복하다
허나 오늘은 멍하니
때 묻은 마스크로 소통을 막고
그저 멍하니 홈 밖에 서 있는 사람
부산
여수
목포행
차례차례로 지나가는데도
차례가 오지 않는 노숙자
그저 멍하니
담배꽁초로 멍청한 영토를 비비고서도
그는 그대로 그 자리에 멍하니
무엇이 그에게서 그를 빼앗아 갔나
연말연시도 없이 그저 멍하니

죽은 생선

죽은 생선을 시찰이나 하듯
노량진 어물시장으로 가네
죽은 생선도 불쌍하지만
살아 있는 사람들이 더 불쌍해
살아 있는 생선은 마지막 물거품을 뻐금거리고
살아 있는 상인들은 생선이 숨넘어가기 전에
어망으로 고기를 후리듯 손님을 후리네
상인 서른에 손님 하나 걸릴까
세상은 징그럽게 변했는데
마음 한구석 변하지 않은 것은 여전
판잣집에서 벽돌집 벽돌집에서 빌딩으로
30층, 40층 혹은 63층
겉은 화려한데 왜 삶의 내벽은 허술할까
한강에 뛰어내린 비통한 그림자
강물이 끌고 가
이번엔 물고기에게 넘겨주네
죽은 물고기에 물이 무슨 소용인가
한강물 다 소용없네

나무의 여행

너는 서 있고
나만 걸어 다녀서 미안하다
너는 서 있어야 살고
나는 걸어 다녀야 살기 때문이다
그러고 보면 산다는 것이
얼마나 기구한 것인지 모르겠다
너도 나처럼 걸어 다닐 수 있다면
제일 먼저 가고 싶은 데가 어디니
바다라고?
바다가 좋다는 것을 너는
뿌리 깊이 생각했을 거다
뿌리는 흙에 묻혀도
마음은 흙에 묻히기 싫다는 거
삶은 유랑인데 어쩌다 너는
꿈에서만 걸어 다니는 나무가 되었니
하지만 너도 나를 보면 불쌍한 데가 많을 거다

겨울 공원 의자

찬 겨울
여자가 앉았던 의자에 내가 앉는다
그녀가 남기고 간 온기로 내 궁둥이가 따뜻해진다
그녀의 궁둥이가 고맙다
이렇게 뜻하지 않은 오입을 부끄러워하지 않고
시로 쓰는 것은 부끄러운 일이다
하지만 오입이 시가 된다는 것은 흔한 일인데
사람들은 이 따뜻한 오입을 부끄러워한다

자판기

아침 아홉 시

동전 300원을 들고 초등학교 앞을 지나 큰 길을 건너 숲속 배드민턴장으로 가는 것은 자판기 때문이야 공원 빈 벤치 옆에서 혼자 95도의 체온을 유지하며 밤을 새운 자판기 얼마나 밤이 무서웠겠어 그것을 시 쓰는 내가 동정(?) 하러 가는 거야 아냐 그게 아니고 내가 따뜻한 커피 때문에 찾아가는 버릇인데 어찌 생각하면 사람이나 자판기나 같은 생각을 하고 있는 것 같기도 하고

봄을 기다리는 마음은 어제 밤을 새우며 사람을 기다리는 것이나 같을 거야 그래서 나는 자판기에게 삼백 원을 넣어주고 심심하면 전화 걸라고 전화번호를 입력해줬는데 자판기는 돈을 안 받겠다는 손사래도 없고 전화도 걸려오지 않았어

나무와 시

나무가 나무를 심어달라고 하지 않는다
나무를 심어주는 것은 사람이다
나무는 흙에 심어야 꽃이 피고 열매를 맺는다
그처럼 언어도
언어가 시를 쓰라고 하지 않는다
언어가 꽃이 되고 열매가 되려면
시인이 시를 써야 한다

시는 자유를 찾는 도사다
시가 사람의 길을 안다
시가 길을 알 때까지 사람이 찾아 가야 한다
그리하여 시는 나무의 언어가 되고
나무는 시의 열매가 되는 것이다
그만큼 시는 아름다운 대신에
갈 길이 멀다

재在와 부재不在와의 만남
– 이애주와 김수남

김수남*
그는 카메라를 든 무당이다
그의 사진기와 헌 가방과 헌 신발과
흔들리는 신장대
그것밖에
이 공간에 그는 없다
방금 있었던 이애주의 넋살풀이춤
그는 구름이여
나뭇잎이여
물이여
흙바닥에 쓰러져 뒹굴며
몸으로 흐느끼던 영상이 지워지듯이
김수남이 생生에서 지워진 것이다
지워진 생을 만신이 불러다 놓고
아내의 눈물을 닦아주라 수건을 준다
그리고 만신이 술을 마시며 농담하길
마누라보다 술이 좋았다며
마지막 가는 길이니
술값이나 많이 달라고 손을 내민다

마누라가 울다가 주머니에서 돈을 꺼내
만신의 손에 놓는다
그리고 둘이서 껴안고 운다
웃음이 울음이고 울음도 웃음이다
그는 없다
이 애주가 춘 춤처럼 보이지 않고
어느새 사진 틀 속으로 들어가
십년 전 얼굴로 웃는다
그는 없다
춤처럼 지워졌다

*김수남(1949~2006) : 평생 굿판을 찾아다닌 사진작가.

이상李箱의 거울 1

- 변동림卞東琳

나는 이상의 '거울'을 좋아한다
이상의 거울 밖의 이상보다
거울 속의 이상을 더 좋아한다
그것은 거울 속의 이상이 거울 밖의 이상보다
더 이상이기 때문이다
거울 속에 갇힌 이상에게 필요했던 여인을
생각한다
그의 최후의 날에 멜론을 사다준 여인
변동림卞東琳
나는 이 여인을 '거울' 속에 넣어주고 싶다
알고 보면 그녀도 거울 속으로 들어가
이상이 되고 싶었던 여인이다
변동림!

이상李箱의 거울 2
— 운명殞命

변동림!
당신 손을 잡고
거울 속으로 들어가고 싶은 것은
해부학적 희생에서가 아니라
깎아도 깎기지 않는 운명 때문인데
당신은 거울 밖에서 기차를 타고 상에게로 갔소
기차로 12시간
다시 연락선으로 8시간
연락선에서 내려 다시 기차로 24시간
기차에서 내리자마자
대학병원 입원실 문을 열고 들어설 때
상은 놀란 눈에 반가움이 가득 했죠
당신이 식어가는 상의 손을 잡고 있는 동안
안도의 숨을 쉬며 눈을 떴다 감았다 했지만
당신은 긴장에 피로가 겹쳐
무엇을 해야 하는지 분간하지 못했어요
겨우 귀에 대고
"무엇이 먹고 싶"냐 물었는데
"멜론"하고 대답하데요

당신이 멜론을 사러가지 않았으면
상의 말을 몇 마디 더 들었을 것을
멜론을 사가지고 와서 입에 넣어주자
멜론 냄새처럼 연한 미소를 띠운 채
상은 눈을 감았어요
당신이 상의 손을 잡고 다시
눈뜨기를 기다리는데 담당 의사 말이
운명殞命은 내일 아침 열한 시쯤이 될 것이니
집에 가서 쉬었다 오라 하데요
다음날 아침 입원실 문이 열리기를 기다려
상의 운명을 지켜보려 했는데
상의 눈은 다시 뜨지 않았어요
의사가 운명했다고 선언한 뒤에도
당신은 차디찬 상의 손을 잡고 있었어요

1937년 4월 17일
변동림!
당신은 상의 손을 잡고 있었어요

*김향안 에세이 〈월하月下의 마음〉 '식어가는 이상의 손을 잡다' 패러디

다리 위에서 달이
– 비금도와 도초도

낯선 다리 위에서 달을 본다
달은 돌아가신 어머니 같고
돌아오지 않는 누이 같다

비금도 시금치 밭에서 술을 마시고
흔들흔들 다리를 건널 때
도초도까지 따라온 달

달을 본 어머니가 '물 조심하라' 하신다
물속에 가라앉은 달이 어머니의 말이다

철없는 누이는 지금도
쟁반 같다고 말한다

시인 이규보李奎報
– 백운거사의 무덤 앞에서

건방지게
규보와 대작하려는 야심은 아닌지
길바닥에 흩어진 낙엽에게 물어보라
이건 버리지 못한 내 생 버릇이니
영월에 있는 김삿갓 묘 앞에서도 그랬고
부안에 있는 매창 묘 앞에서도 그랬네
내가 술병을 들고 예까지 온 것은
술을 좋아하는 거사居士를 위함이오
'술에 병들고 시에 늙었다,
병어배주노어시病於盃酒老於詩*'는
그 소리 또 한 번 듣고 싶어 찾아왔으니
일어나 잔 받으시오

*이규보(1168~1241)의 시, 백운거사白雲居士 이규보의 묘는 강화도 길상면 길직리에 있음

민들레꽃

황진이의 '동짓달 기나긴 밤'을
육필로 써서
문학관* 입구에 세워놨더니
비석 앞에 노란 민들레꽃 심어놓고 갔네
'동짓달 기나긴 밤을 한 허리 베어내어'
노랗게 심어놓고 갔네

진이
내 속을 꺼내보듯
자기 속도 꺼내보라고
활짝 열어놓고 갔네

봄바람에 나부끼는 꽃과 시의 웃음소리
춘풍 이불은 언제 펴놓을 것인가
해마다 민들레꽃 기다려지네

*강화도에 있는 육필문학관

이규보 선생 묘 앞에서

이른 봄 갯바람에 끌려
강화도 이규보 선생 무덤 앞에 와서
술 한 잔 붓고 그의 시를 생각하네

'시 짓는 버릇이 또한 큰 병이라
아무리 약을 써도 고쳐지지 않으니
....
아마 이 병으로 죽게 되리라'는
시에 이어
'이제 살점마저 남아 있지 않아
뼈만 앙상하여 그래도 시 읊는다
이 모양 정말 우습구나
....
그러나 웃고 나서 또 시를 쓰네' 라는 시

강화도 막걸리 나도 한 잔 따라 마시고
이번엔 나를 생각하네
그때 그의 나이 73세
그는 이미 팔천 수를 넘게 썼는데

나는 겨우 삼천 수
내 나이는 선생보다 다섯이 넘었는데
나는 언제 오천에 이를 것인가
서둘러 돌아와 시를 쓰네

시인과 장미꽃
― 송상욱 시인

"송 선생, 흐린세상* 안가?"
"안가, 그 집 술맛 변했어
사람도 변하면 보기 싫은데 술이 변했으니, 머…"
"다시 돌아왔는지 알아"
몇 달 후 그와 나는 흐린세상으로 건너갔다
좁은 목로엔 손님이 없고
목이 긴 모딜리아니의 그림이 슬프다
첫 잔에 "어어, 돌아왔어, 돌아왔어" 하며
입을 닦는 송상욱*
술은 핑계가 맛이다
세상도 핑계 삼아 사는 거
송상욱은 연탄재처럼 부드러운 시인
흐린 날에도 장미빛 인생을 노래하는 시인이다

*흐린세상 : 인사동에 있는 전통찻집 '흐린세상 건너기'
*송상욱 : 인사동에서 시지 '詩'를 만드는 시인, 그의 방엔
  연탄재에 붉은 장미가 한 송이 꽂혀 있다.

막걸리

인사동 골목에 끼어
막걸리를 마시며 술 이야기를 했다
술이라는 게 뭐냐고
송상욱이 눈치 채고 말했다
막걸리는 누룩내가 약간 섞여야 한다고
나는 속으로 말했다
당신의 냄새가 누룩내 아니냐고
하지만 나도 그도 막걸리를 찾는 것은
아직도 놓치지 않으려는 어머니의
젖꼭지 맛 같아서라고

공원에서 꽃을 훔치는 사람

4월은 사방에서 꽃 피는 계절
꽃을 만지고 싶고
꽃 가까이 코를 대고 싶고
꽃을 물어뜯고 싶어 하다가
꽃밭에 들어가 꽃을 훔치는 사람
내가 그것을 봐서 미안해 죽겠네

벌이 꽃밭에서 꽃가루 훔치는 것은
밉지 않은데
아이가 꽃밭에서 꽃 그림 그리는 것은
밉지 않은데
시인이 꽃밭에서 시를 훔치는 것은
밉지 않은데
왜 그 사람이 꽃을 훔치는 것은 미울까
그 사람도 꽃을 거기 놔두고
꽃밭에서 꽃 그림을 그리는 걸 배웠으면 좋겠네

나 요즘
– 택시기사와 미화원

이제 정신을 차리는 것 같아
내 마음의 문을 연다
도지사가 택시기사 자격증을 땄단다
내가 어리둥절해지는 것은
경기도 지사가 서울 택시기사 자격증을 땄다는데
경기도 지사가 서울에서 택시를 몰면 어떻고
서울시장이 경기도 청소차에 매달려
쓰레기를 걷어가면 어떠냐 이거다

이제 먼가 보이는 것 같아
해가 제대로 뜨는 것같아
슬그머니 옷깃을 여민다
함부로 욕하지 마라
내 약한 눈시울에
이슬 같은 눈물이 고인다

복사꽃 생리
― 우이도원에서

꽃밭에서
화두는
대낮에도
홍등을 들고 기웃거리네

말[言]로 젖꼭지를 만지다가
흥건히 젖어 버리네

봄마다 꽃에 지쳐
열매 볼 줄 모르고
취해 버리네

꽃도 좋아하네
너무 좋아서
입 벌린 채 떨어지네

저 달이

저 달이
비 개이고 나온 저 달이
나팔꽃처럼 수줍다
자귀나무는 잎을 접고 잠들었는데
저 달은
방화수류정* 버들가지 타고 내려와
겁 없이 옷을 벗는다
저 달이 사내를 두 번 보고 싶어한다
한번은 하늘에서 또 한 번은 연못에서
연못가에 앉은 사내들
술잔 들고 달을 따라다니다
술에 빠지고 물에 빠진다
저 달이
물속에 있는 저 달이
어쩌려고 물에서 나오려 하지 않는다

*방화수류정訪花隨柳亭 : 수원 화성의 정자.

삼각관계

나비 두 마리가
지상의 꽃밭에서
어떤 관계인지
하늘로 올라가며
세 마리가 되더니
엎치락뒤치락 그러다가
날개가 찢어지겠다
어떤 관계인지
죽기 아니면 살기
어떤 관계인지
물어보고 싶다

뼈를 깎는 아픔

아름다워지고 싶어 한다
멀쩡한 거죽을 걷어 제치고
멀쩡한 코뼈를 깎고
거죽을 살짝 덮는다
잘되면 좋은데 안 되면
다시 거죽을 걷어 제치고
코뼈를 깎아야 한다
뼈를 깎는 아픔
죽은 뒤엔 거죽이 썩고
다음에 뼈가 썩는다
깎고 깎긴 뼈가 거죽도 없이 얼마나 아파할까
도대체 미란 어디에 있는 것인가
조물주여 왜 눈을 줬는가
보이는 것 때문에 뼈아픔을 겪어야 하는데

매미

울고
울고
또 울고

매미 한 마리 울지 않는 나무는
얼마나 심심할까

울고
울고
또 울고

왜 매미는
나무에서 내려와
땅을 치며 울지 않고
땅으로 내려오면 울음을 그칠까

울고
울고
또 울고

세상을 떠날 것처럼 울다가
울음 그치니 정말
세상 떠나간 것처럼 조용하다

고추와 꽃

고추를 심었다
탐스럽게 열어 좋다고 했더니
다 따가버렸다
다음 해
고춧대를 뽑아버리고
봉선화를 심었더니
따가는 사람이 없다
봉선화가 붉게 피면서
지나가던 사람이
왜 고추를 심지 않고 봉선화를 심었느냐 묻기에
지난해는 입을 만족시켰으니
이번엔 눈을 만족시켜야죠 했다
입이든 눈이든 마찬가지다
요는 눈으로 훔치는 것은 줄어들지 않을 뿐
눈도 훔칠 줄을 아는데
그건 봉선화가 없어지지 않을 뿐이다

사랑해 지연아

강촌에 구절폭포는 말라도
사랑은 마르지 말자던
황홀한 낙서집集

'사랑해 지연아!'
영원히 사랑해

북한강 강물이 마르고
강촌역 벽이 갈라져도
사랑은 갈라지지 말자던
사랑의 야적장
강촌역
저 소리 어디서 굶어 죽었을까
기차는 아직도 강촌을 지나며 소리치는데
'사랑해 지연아'
공연히 내가 서러워지네

범태순 시인

남도에 오면 술맛보다 사람 맛이다
'어허 범 선생님' 하고 잡은 손
그도 나의 손처럼 손이 가늘었다
늙은이는 늙은이끼리 반갑다
그의 따뜻한 손
그건 얼마 남지 않았다는 우정 때문에
더 가까운 것이다
말이 없다
시는 서로 읽었으니 할 말이 없고
이제 남은 것은 오늘과 내일
말이 없다
말이 없어도
서로의 시간을 짐작하기 때문이다
허허 하며
서로 반갑다며 손을 놓지 않는다
늙은 시인들의 악수는 길고
시간은 짧다
'박희진 시인도 잘 있느냐'고 묻고는
다른 이야기를 꺼내려 하는데

이야기가 끊겼다
그래서 허허 허허 하다 말았다

욕하지 마라

담배연기 때문에
너를 피해가는
나

화약 냄새 때문에
그 지역을 피해가는
나

피해 다니는
나를
욕하지 마라

즉석 연인

현재란 묘한 바탕화면이다
고향생각이 났다
바닷가엔 눈이 내리고
파도 자락은
그것도 고향 생각을 하듯
추근거린다
손전화가 울린다
바람을 헤치고
이런 때 전화소리는
그가 누구든
바닷가를 함께 걷자는 애원이다
둘이 걷는다

장공익 張空益*

그는 커피를 마시고
나는 막걸리를 마신다
그도 막걸리를 마시면
정 소리보다 웃음소리가 크겠는데
고집스럽게 커피만 마신다

그는 돌을 깎고
나는 시를 깎고
돌하르방을 십만 개 깎는 동안
나는 시 만 편을 쓰지 못했다

그는 해병대 출신의 석공
명장 장공익
그의 이름이 좋아
돌에 이름까지 새겨 달라 했다

내 육신의 고향은 서산이고
시의 고향은 성산포
아무리 시를 써도 제주도를 가져갈 수 없어

돌하르방 하나 가져가겠다는 애원인데
그는 커피를 마시며 돌을 깎고
나는 막걸리를 마시며 시를 썼다
그렇게 깎고 쓴 시를 내 모교
교문 앞에 세웠다

*장공익張空益 : 제주 석공예 명장

나도 갤럭시다

지하철 노약자석에 앉아
얼굴을 파묻고 신문을 보다가
잠깐 눈을 맞은편으로 돌렸더니
여섯 사람은 들여다보고 한 사람은 졸고 있다
여섯 사람은 이십대 삼십대

모두 부드러운 손가락으로
잡아당겼다 놓는 스마트폰
줌 인zoom in
줌 아웃zoom out
그 틈에 졸고 있는 사람은
오십대 후반
실업자처럼 시들하다
그 사이에 전화가 왔지만
핸드폰 뚜껑이 열기 싫어 받지 않는다
느린 속도로 읽던 신문을 뒤집었더니
전면광고
How to live SMART
영어로 나온다

연달아 나온다

Phone?

Tablet?

It's Note!

Galaxy Note

광고용? 아니면

언어침탈인가

그래도 계속 읽는다

5.3형 HD 슈퍼아몰레드 S펜 & S메모

이동중移動中 영감이 떠오르는 순간

S펜을 들고 언제든지 빠른 속도로

메모할 수 있다는 갤럭시 노트

돌출한 영감을 잡기 위해

지하철에서 나온 즉시 핸드폰가게로 갔다

S펜 & S메모

새로 나온 갤럭시 노트를 만져본다

어렸을 때 어머니를 졸라

크레온을 사던 기분

이젠 나도 갤럭시다

후기

1

시집 원고를 출판사에 보내고 나흘이 지났다.

〈후기〉는 섬으로 떠돌며 자유스럽게 쓰고 싶었다. 안 써도 그만이지만 시집을 '기다리는 마음만이라도…' 하며 쓴다.

시와 섬과의 관계, 시와 사람과의 관계, 사람과 사람과의 관계. 그리고 늙어가는 이야기, 죽어가는 이야기, 이런 것들이 주가 될 것 같다. 그런데 처음에 무겁게 등장한 김문회의 누드 이야기는 어디서 잊었는지 잊고 말았다. 잘한 짓이다.

2

섬에 와서 섬에 대한 욕심이 생겼다. 지도 증도 압해도 팔금도 안좌도 대야도 신도 하의도 도초도 비금도 이렇게 돌아다니다, 결국 우이도로 왔다.

우이도는 24년 동안 찾아온 섬이라 반은 내 고향 같다. 여기 오니 돌아가고 싶지 않다.

24년 동안 찾아왔어도 알고 지내는 사람이라곤 민박집 주인 내외 밖에 없다. 그것으로 족하다.

그간 죽은 사람도 있고 뭍으로 나간 사람도 있다. 마을 전체가 텅 빈 곳도 있다. 그러나 그 백사장, 그 게 구멍, 그 염소들은 여전히 파돗소리를 들으며 그곳에 있다. 나도 그들처럼 파돗소리가 좋다.

염소는 방목 상태라서 해마다 수십 마리씩 식구가 늘어나는 모양인데 일정한 주인이 없다. 자기 산에 들어오는 것만 잡으면 된다고 한다. 그러나 염소를 잡아, 자기 것으로 만들기가 여간 어렵지 않다.

민박집 안방에 걸린 가족사진에 들어있는 어린이는 이 섬에서 초등학교를 나오고 목포로 가서 중고등학교 다음에 대학을 나와 취직했다. 그 사진을 걸 무렵부터 이 집에 다니기 시작했다.

민박집 뜰에 있는 나무도 그만큼(24년) 지났으면 많이 변했을 텐데 사는 바탕이 분재라 화분을 벗어나지 못한다.

빨간 채송화가 나를 알아보는 것 같다. 모래밭에서 만나는 통보리사초도 순비기나무꽃도 패랭이꽃도 다정하다. 그들을 보면 삶이 하나도 어렵지 않다. 우이도는 그런 정 때문에 일 년에 한두 번씩 찾아온다. 말년엔 여기가 좋다.

3

 이번 섬 여행은 전에 만재도로 가다가 선상에서 만난 젊은 친구 손대기와의 동행이어서 든든하다. 그때 만재도에는 윤민순 씨가 구멍가게를 하며 혼자 살았는데 전화를 걸어보니 전화를 받지 않아, 이웃 민박집에 걸어 안부를 물었다. 그랬더니 재작년에 떠났다고 한다. 그는 나보다 대여섯 살 아래인데 먼저 갔다. 그는 홍어잡이 갔다 왼손이 잘려 수십 년 한 손으로 고생하다 갔다. 나는 만재도에 가면 그의 집에서 밥도 먹고 잠도 잤다.

 그리고 내가 우이도에 와서 처음 민박했던 할머니도 세상을 떠났다. 나와 같은 나이인데. 그렇다면 여서도 김만욱 시인의 어머니는 어떻게 되었는지 궁금하다. 모두 나에게 시의 영감을 준 은인들인데.

 내 시는 나 혼자 쓴 것이 아니다.

2012년 초가을
우이도에서 이생진

이생진 연보

시집

1955년	《산토끼》
1956년	《녹벽》
1957년	《동굴화》
1958년	《이발사》
1963년	《나의 부재》
1972년	《바다에 오는 理由》
1975년	《自己》
1978년	《그리운 바다 성산포》
1984년	《山에 오는 理由》
1987년	《섬에 오는 이유》
1987년	《시인의 사랑》
1988년	《나를 버리고》
1990년	《내 울음은 노래가 아니다》
1992년	《섬마다 그리움이》
1994년	《불행한 데가 닮았다》
1994년	《서울 북한산》
1995년	《동백꽃 피거든 홍도로 오라》
1995년	《먼 섬에 가고 싶다》
1997년	《일요일에 아름다운 여자》
1997년	《하늘에 있는 섬》
1998년	《거문도》
1999년	《외로운 사람이 등대를 찾는다》
2000년	《그리운 섬 우도에 가면》
2001년	《혼자 사는 어머니》
2001년	《개미와 베짱이》

2003년	《그 사람 내게로 오네》
2004년	《김삿갓, 시인아 바람아》
2006년	《인사동》
2007년	《독도로 가는 길》
2008년	《반 고흐, '너도 미쳐라'》
2009년	《서귀포 칠십리길》
2010년	《우이도로 가야지》
2011년	《실미도, 꿩우는 소리》

시선집

1999년	《詩人과 갈매기》
2004년	《저 별도 이 섬에 올 거다》
2012년	《기다림》 육필 시선집

시화집

1997년	《숲속의 사랑》 이생진 시	김영갑 사진
2002년	《제주, 그리고 오름》 이생진 시	임현자 그림
2010년	《제주》 이생진 시	임현자 그림
2012년	《詩가 가고 그림이 오다》 이생진 시	박정민 그림

수필집 및 편저

1962년	《아름다운 天才들》
1963년	《나는 나의 길로 가련다》
1997년	《아무도 섬에 오라고 하지 않았다》
2000년	《걸어다니는 물고기》

골뱅이@ 이야기

지은이 이생진
1판 1쇄 인쇄 2012년 09월 25일
1판 1쇄 발행 2012년 10월 09일

발행인 김소양

편집주간 김삼주
편집 방지혜
마케팅 김지원, 이희만, 장은혜

발행처 ㈜우리글
출판등록번호 제 321-2010-000113호
출판등록일자 2010년 05월 24일

주소 서울시 서초구 양재2동 299-5 남양빌딩 6층
마케팅팀 02-566-3410 **편집팀** 02-575-7907 **팩스** 02-566-1164
홈페이지 www.wrigle.com **블로그** blog.naver.com/wrigle

ⓒ 이생진, 2012

이 책은 저작권법에 따라 보호받는 저작물이므로 무단전재와 무단복제를 금합니다.
이 책의 전부 또는 일부를 이용하려면 반드시 저작권자와 (주)우리글의 동의를 받아야 합니다.

값은 표지에 있습니다.
ISBN 978-89-6426-056-2
※잘못 만들어진 책은 구입하신 서점에서 교환해드립니다.